CONTENTS

MEDITIERE NICHT!

EINFACH NUR DA-SEIN!

(Copyright ® 2020 iZen® by enO, Bildrechte: Adobe-Stock_187875435 und doddis)

Erfahre die „Welt des Moments“! - Eine große Liebeserklärung an echtes Zazen und Shikantaza; absichtslos einfach nur Da-Sein.

Jeder Mensch strebt danach, glücklich und entspannt zu sein. Dass es weniger an äußeren Umständen liegt, als an der eigenen Bewertung und Sichtweise, ahnen die meisten. Yoga, Meditation und spirituelle Seminare boomen im Westen. Aber bieten sie wirklich den Weg zu erleuchteter Lebensfreude?
Ist Meditation gar die größte Lüge der spirituellen „Meister“? Warum Meditation sinnlose Zeitvergeudung sein kann und warum kaum jemand die Wahrheit verrät oder kennt! Profitieren viele Religionen, Gurus und Schulen gar von den ewig Meditierenden und Yoga-Übenden? Warum ist Meditation in 99% der Fälle letztlich ein Hindernis auf dem Weg zu Glück und Erleuchtung?
Verschwenden Sie Ihre Zeit und Kraft nicht mit „Meditation“ oder „Yoga“, wenn Sie soweit sind,

wirklich frei zu sein! Erleuchtung finden ganz ohne Meister? Geht das? Yes we can!

ABER DAS WICHTIGSTE: Die meisten sitzen in Meditation oder Zazen mit sauertöpfischen Gesichtern herum, als sei es die anstrengenste und ernsteste Sache der Welt. Das muss nicht sein! Entdecken Sie endlich die freie und leichte Lebensfreude wieder, die mit der Übung verbunden ist: Hören Sie auf zu „meditieren" und fangen Sie an ganz lebendig da-zu-sein!
->*Der einzige Sinn der Übung ist es, mehr Lebensfreude zu erfahren!*
Ein lebender iZen-Meister deckt die Hinter- und Hindergründe auf. Entfesseln Sie Ihr wahres Wesen TROTZ Meditation!
Für Anfänger, die in die Meditation einsteigen wollen und für Fortgeschrittene, die seit Jahren - vielleicht sinnlos - meditieren oder Yoga üben: Lernen Sie in diesem Booklet wie Sie mit **Nicht-Meditation** Ihr wahres Wesen entfesseln werden!

IN EINEM RUTSCH

Sie sollten dieses wirklich kurze Booklet bitte in einem Rutsch durchlesen, bevor Sie sich ans Üben machen. Dies ist kein Nachschlagewerk, sondern ein super-knappes Büchlein, das Sie ohne viel Federlesens aufs Pferd setzen soll. Welches Pferd? Na das, auf dem Sie schnurstracks Ihrem chaotischen Geist und aufgewühlten Gefühlen davon galoppieren! Befreien Sie sich von Hektik, Unruhe, Stress, Burnout, Krankheitssymptomen und werden Sie glücklich wie ein neugeborener Sperling, der im Frühling pfeifend und hüpfend vor Freude in seiner wundervollen Welt lebt und mit sich durch und durch zufrieden ist.

EINLEITUNG

In diesem Booklet greife ich die vehemente Warnung des 6. Zen-Patriarchen Daikan Eno wieder auf, der schon vor weit über 1000 Jahren davor gewarnt hatte, sich stunden- oder lebenslang hinzusetzen, um den Geist zu leeren, und sich dabei noch für ganz großartig zu halten!

Spirituell Suchende üben normalerweise viele Jahre oder Jahrzehnte alle möglichen Meditationsmethoden, gehen den Yoga-Weg oder was auch immer. Ist es da nicht überraschend, dass es offensichtlich so wenige weise oder erleuchtete Menschen auf der Welt gibt, oder zumindest, was wir uns darunter vorstellen? Selbst die meisten der sog. Gurus (indisch), Roshis (jap.), Yogins, Rinpoches (tibetisch), Patres, Bischöfe, Imame oder wie die bewunderten „Meister" auch immer heißen mögen, spielen oft auch nur eine Rolle, meist ohne es selbst zu merken:

Sie kleiden sich spartanisch in Jute und Jesuslatschen, fahren Fahrrad und essen Reis mit Gemüse wie die Vorbilder in alten Zeiten, zumindest nach außen sichtbar. Dennoch spürt man fast immer eine tiefe innere Unruhe, ja immerwährende Suche, selbst wenn sie uns und sich selbst glauben machen

wollen, sie seien angekommen, wo auch immer. Diese bemühte Ruhe ist nicht nur anstrengend zu beobachten, sondern schon beinahe lächerlich. Wer will den schon dauernd wie ein geistig Eingeschränkter halb so schnell reden wie der Rest der Welt, salbungsvoll dreinschauen und sich im Faultiertempo bewegen, nur um nicht als hektisch und am besten noch als erleuchtet zu gelten?
Haben Sie schon einmal irgendein Wesen, Säugetier, Insekt oder Mensch, gesehen, das immer ruhig herumhockt und sich wie ein Stein verhält? Manche sitzen ein halbes Leben lang in meditativer Versenkung, halten ihr Denken an und denken, sie seien die Superprofis. Was für eine Vergeudung von Lebenszeit!
Zu unserer Lebensentfaltung gehört auch Stress, Hektik, Trauer, Angst und wilde Verzweiflung, ebenso wie Liebe und Sex und Wahnsinn. Darauf zu verzichten oder es zu verleugnen hieße das Menschsein nicht verstanden zu haben! Wir sind was wir sind: Steh dazu, Menschlein!

Kennen Sie jemanden, der immerzu entspannt (nicht zwanghaft ruhig oder gespielt) und wunschlos glücklich ist? Ich kenne das fast nur aus Büchern von phantasievollen Autoren und aus Heilsgeschichten der Religionsführer damals. Dennoch wird es als hohes Ziel ständig angepriesen, in Büchern und Kursen, in Sekten und Meditationszirkeln: Die tiefenentspannte Erleuchtung!
Warum sind solche Kurse so teuer, wenn die Gurus

doch Bedürfnislosigkeit predigen? Warum sind so viele „Meister“, nicht nur in Kirchen, in Sexskandale verwickelt, wo der Trieb doch angeblich so einfach überwunden werden kann? Warum bringen sich die Mitmenschen im Berufsverkehr fast um vor Stress und Aggression, wenn doch so viele Meditation oder Yoga üben und also total entspannt sein müssten?

Was läuft falsch mit der menschlichen Suche nach Weisheit, Glück, Erleuchtung? Betrachten wir doch einmal den Werdegang eines angehenden Erleuchteten (genderkonform sei betont, dass das Gesagte natürlich genauso für jedes andere Geschlecht gilt; aber aus Gründen der Bequemlichkeit, benutze ich hier - Verzeihung! - die Wortformen des Männlichen):

NEU GEBOREN

Er wird geboren und zupft lallend an Grashalmen oder schüttelt fasziniert Rasseln, die ihm vor das Gesicht gehängt wurden. Die Welt ist noch in Ordnung. Wenn er Hunger hat, dann schreit er, wenn er die Windel voll hat, dann auch; und meist wird ihm umgehend geholfen, dann ist er wieder glücklich. Alles, was in seine Reichweite gelangt, wird neugierig erforscht. Alles ist so neu und toll, es sei denn es hat einen Stachel und heißt Wespe; na dann sind halt mal eine Stunde Trauer und Tränen angesagt. Aber auch das geht vorbei.

Vielleicht ist dieses Alter das weiseste in unserem Leben. Die alten Zen-Meister sagen, Weisheit sei nichts anderes, als immer das Naheliegende zu tun: „Reis essen und Tee trinken!" Ich wage zu zu ergänzen: „...und sch....n!" (Sorry, aber wir tun dies auf dem Klo jeden Tag mit mehr oder weniger Genuss!)

KINDHEIT

Der zukünftige Buddha oder Jesus wird größer und merkt, dass es da noch andere sabbernde Fleischlinge gibt, die auch mit seinem Spielzeug spielen wollen. Schnell wird das Ego entwickelt, das da sagt „Meins!“ Und schon ist es vorbei mit der seligen Ruhe und Zufriedenheit des neuen Erdenbürgers. Der Kampf des Lebens hat ihn eingeholt. Er muss für sein Selbst kämpfen, um sich gegen die anderen durchzusetzen und lernt argwöhnisch, auf seinen Vorteil bedacht zu sein. Da wird das soeben geborene Geschwisterchen auch mal gezwickt oder beneidet, im schlimmsten Falle ausgesetzt – und sei es im besten Fall nur aus dem Kinderzimmer raus –, um die Zuwendung der Eltern nur nicht plötzlich teilen zu müssen. Und die Eltern sind nicht immer die besten Vorbilder, wenn sie giftig über ihren Nachbarn herziehen oder man als Kind nicht einfach ungestraft die Wohnzimmercouch mit Wachsmalkreide vollschmieren darf, ohne eine geknallt zu bekommen.

Aber mit der Zeit lernt er auch damit zurechtzukommen und merkt, dass man mit anderen Menschen sogar Spaß haben kann. Aber immer ist da die Sorge, nicht genug abzukriegen oder der Wunsch nach dem Mehr oder dem Neuen. Jedenfalls kann es das ja wohl nicht gewesen sein, so wie es gerade ist! Er will jedenfalls mehr.

JUGEND

In der Pubertät lernt der Aspirant, dass er anders ist als die anderen kleinen Mädchen und von diesen eine fragwürdige Anziehung ausgeht, die er anfangs noch vehement verleugnet. Nicht nur deshalb, sondern auch weil man sich immer mit allen anderen messen muss, ist es nun endgültig vorbei mit dem entspannten In-den-Tag-rein-leben!

Prüfungen nahen, Konkurrenten interessieren sich für die gleiche angehimmelte Zauberfee; andere sind größer oder schlauer, haben weniger Pickel oder dickere Muskeln, das teurere Fahrrad oder das bessere Smartphone oder man <u>will</u> einfach der Beste sein, warum auch immer. Ehrgeiz, Unsicherheit, Selbstzweifel, Schüchternheit, Narzismus und eine unstillbare Unruhe treiben ihn um wie bisher noch nie in seinem Leben. Dieses Wechselbad des gluckernden Hormoncocktails muss er wie jeder durchstehen und hoffen, nach diesem finsteren Tal auf einem einigermaßen akzeptablen Berg zu stehen zu kommen. Nicht allen gelingt dies; nicht wenige landen in tiefen Schlammlöchern und wünschten, sie wären Münchhausen, wenn sie mittags die verkaterten Augen öffnen, keine Ausbildung begonnen und keinen Partner abbekommen haben.

Wer bin ich? Was will ich? Warum gerade ich? Warum ich nicht auch? Kein Wunder, wenn da erste Zweifel am gewöhnlichen Leben auftauchen und sich hartnäckig halten.

ERWACHSEN SEIN

Mit dem Berufsleben entwickelt sich neben dem reinen Zwang zum Überleben besonders der Ehrgeiz nicht selten zur treibenden Kraft. Wieder will unser Kandidat etwas, nämlich besser sein als andere, mehr Geld und Macht und Image erreichen. Sollte er hier Erfolg haben, so wird sich nach einiger Zeit vielleicht die gähnende Leere der Erkenntnis einstellen, dass ein Porsche oder ein eigenes Haus auch nicht das ersehnte Gefühl von Zufriedenheit und Glück bescheren. Auch eine Rolex zeigt nur fünf vor zwölf an, wenn es kurz vor Mittag ist! Materielle Dinge können durchaus Spaß machen. Allerdings nur für kurze Zeit, dann kommt die Gewöhnung wenn nicht gar Langeweile und ebenso die Angst, dies alles wieder zu verlieren.
Wenn sich dann noch Langeweile auch in der Partnerschaft einschleicht, dann ist Unglück vorprogrammiert, spätestens wenn er feststellt, dass ein Autowechsel weitaus leichter zu bewerkstelligen ist als der der Ehefrau!

ÄLTER WERDEN

Irgendwann wird er müde werden oder einfach nicht mehr mit Vollgas arbeiten können. Dann muss er lernen, immer öfters auf Liebgewonnenes zu verzichten. Dies reicht von sportlichen Aktivitäten, die mit schmerzenden Gelenken weniger Freude bereiten, bis hin zu allen möglichen Vergnügungen, zu denen inzwischen einfach die Energie fehlt oder der Körper nicht mehr mitmacht. Wenn das Knacken der Gelenke beim Liebesakt lauter ist als alle erotischen Geräusche, dann kann Mann und Frau durchaus auch mal die Lust verlieren. So ist das Leben! Das will er aber gar nicht so!

Langsam schleicht sich sogar die Angst vor dem Sterben ein. Zuerst nur manchmal, scheu und kurz. Mit der Zeit bei jeder Schwächephase aber nachdrücklicher und deutlicher. Rückblicke auf das eigene Leben fallen nicht immer freudig aus. Manchmal schwelt da auch Bedauern oder Traurigkeit über Versäumtes oder manche Rücksichtslosigkeit anderen gegenüber, die er aus Begierde und Ehrgeiz begangen hatte. Und die damit verbundenen Ziele von damals sind heute schlichtweg belanglos geworden. Einzig das ungute Gefühl über das eigenen Handeln oder über verpasste Chancen bleibt bohrend in der Magengrube zurück. Aber auch die schönen Erinnerungen können durchaus ein Lächeln in sein Gesicht zaubern, solange die Demenz sie nicht bereits gnadenlos ausgelöscht hat.

FASSEN WIR ZUSAMMEN

Stellvertretend für uns alle, ließen wir den Suchenden die wesentlichen Lebensphasen im Schnellverfahren durcheilen. Welche Entwicklungen können wir beobachten?

- Zuerst wollen wir die Welt erforschen, neugierig, hungrig und noch völlig ohne Vorurteile und persönliche Ziele. Mit großen Augen saugen wir die Welt auf und jede Sekunde ist eine neue Überraschung.
- Schnell entwickelt sich das Ich-Gefühl und wir fühlen uns abgegrenzt von allem anderen; ja, wir fangen an, das „Meins“ vehement gegen die Umwelt zu verteidigen und der Kampf beginnt. Wir wollen immer mehr und wollen es vor allem schnell und noch wichtiger: Es auch behalten! Wir fangen an, uns im Vergleich zu den anderen zu beurteilen und hervor zu kämpfen. Dies gelingt nicht allen gleich gut.
- Dann wollen wir stärker werden, einen Partner finden und einen Beruf ergattern. Das Füllhorn der Welt zwinkert uns kokett zu und verführt uns. Je mehr wir erreichen, desto leerer fühlen wir uns oft,

weil sich das Gefühl von Fülle und Zufriedenheit einfach nicht einstellen mag. Mit jahrzehntelanger Anstrengung erreichen wir einiges (ja was?), aber meist viel weniger, als wir uns gewünscht hatten. Und diejenigen unter uns, die wenig erreicht haben, leiden fast immer unter dem nagenden Gefühl des Versagens, obwohl sie eigentlich viel freier sind, als sie ahnen.

- Aber am Ende des Berufslebens oder schon viel früher fühlen die meisten, dass alles Rennen und Streben nicht glücklich gemacht hat, also wollen wir davon loslassen und vielleicht ein spirituelles Leben führen. Wir wollen mitfühlende Menschen werden, von Ehrgeiz loslassen und möchten Erleuchtung erfahren.

- Spätestens wenn unsere Kräfte schwinden und wir ahnen, dass da nicht mehr allzu viel nachkommen wird in diesem Leben, keimt oft panikartig die Erkenntnis auf, etwas Wesentliches verpasst zu haben. Wo ist die Zeit geblieben? Haben wir noch die Zeit, ES zu finden? Wir wünschten uns mehr Zeit.

- Also werden wir „spirituell"! Aber was ist es, was uns so sehr fehlt? Immer war da dieses Wollen, in jeder Lebensphase wollten wir irgendwohin, weiterkommen, ankommen. Jetzt wollen wir spirituell werden. Ups, schon wieder ein Wollen!

Etliche probieren es mit Yoga oder Meditation. Führen nicht diese Geheimwissenschaften zum verborgenen Glück?

Wieder strengen wir uns an, sitzen stundenlang

und jahrelang in Meditation. Wir besuchen Yoga-Kurse, Kundalini- oder Chakren-Experten, probieren Quantenheilung und Astralreisen. Wir wollen endlich wissen, wo Eden liegt, was Nirwana ist. Arm wie einen Bettler haben uns die ganzen Kurse jedenfalls schon gemacht; allein die Weisheit fehlt uns noch zu einem Buddha. Wenn wir uns nur genügend anstrengen und konzentrieren, dann wird ES sich uns schon auftun!

Nein, wird es nicht!

MEDITATION REICHT NICHT

Warum gehen so viele suchende Menschen den Weg der Meditation? Noch mehr üben hierzulande Yoga in den unterschiedlichsten Facetten. Beides ist nicht schlecht, ja, sogar notwendig auf dem Weg zu Erkenntnis und Weisheit und Erleuchtung!

(Anmerkung: Nur wenige wissen, dass die Meditation die Oberstufe des klassischen Yoga-Weges nach Patanjali darstellt! Dieser achtgliedrige Pfad beginnt mit Moralregeln, Atemübungen, Körperstellungen und Rückzug der Sinne und der Aktivität. Dann folgen die letzten Stufen: Konzentration, Meditation und erleuchtete Versenkung (Dharana, Dhyana, Samadhi)).

Warum warnt der Buchtitel dann vor „Meditation“? Weil diese allein nicht zur letztendlichen Befreiung führt und weil 1000 Menschen damit 1000 Vorstellungen und Erfahrungen verbinden, die wiederum eine Aktivität des Geistes darstellen!

→ Sobald wir „Meditation“, „Erleuchtung“ oder „Yoga“ sagen, entstehen in unseren Köpfen Bilder, Szenen und Vorstellungen davon, was das ist. Und diese sehen bei jedem anders aus. Wie könnten 1000 verschiedene Vor-

stellungen die EINE Wahrheit ausdrücken? Zudem sind das alles nur Worte, von unserem Geist erzeugt. Und alles, was unser Geist produziert, ist subjektiv und illusorisch.

Die Vorstellungen, die wir mit „Meditation" verbinden, sind ja immer noch eine Art des Denkens. Und jeder denkt anders. Wir haben vielleicht irgendeine Meditationsmethode erlernt und wenden diese nun immer wieder an, üben und üben. Aber was genau üben wir denn da? Wir üben eine *Anstrengung unseres Geistes*, unseres Denkens! Meditation bedeutet aber im indischen (chinesischen, japanischen…) Original *das vollständige Loslassen von allem Denken!* Wie könnte also eine Übung, die bestimmte Regeln beinhaltet und von unserem Geist gemacht wird, das Denken des Geistes selbst überwinden?

→ *Stellen Sie sich ein Blatt weißes Papier vor, das Ihren Geist symbolisieren soll: Bei der Meditation lässt man z. B. einen Gedanken wie „Wut" aufkommen und schiebt ihn dann fort oder lässt ihn los (wie auch immer?). Oder da steht „Konzentration". Dann haben Sie ein weißes Blatt, auf dem das Wort steht, das dann wieder durchgestrichen wird. Aber da ist dann immer noch etwas auf dem Blatt, oder? Wenn wir von vorne herein gar nichts tun, keinen Gedanken, kein Tun, dann entsteht auf dem Blatt erst gar kein Wort. Es bleibt weiß!*

Ebenso wie das WOLLEN im o. g. Kapitel, stellt jede Methode und jede Anstrengung wiederum eine gedankliche Aktivität dar! Und es geht ja genau darum, *jegliche gedankliche Aktivität hinter sich zu lassen*, loszulassen. Unser Geist ist mit keiner Methode dieser Welt in der Lage SICH SELBST zu erkennen oder von SICH SELBST loszulassen! Das muss Ihnen völlig klar sein.

→ **Deshalb kann „Meditation" niemals zur Befreiung, zur Erleuchtung, zu Weisheit führen.**

So schrieb der sehr einfache Zen-Meister Kodo Sawaki sein kleines Büchlein: *„Zen (=Meditation) bringt nichts!"* Weil wir immer erwarten, mit dem Geist den Geist besiegen oder überwinden zu können oder mit Anstrengung etwas erreichen zu können. Das typische Denkmuster unseres Geistes. Das funktioniert natürlich nicht!

Auch ich habe etliche kurze und lange Bücher über Meditation und Weisheit geschrieben. Sind diese nun alle hinfällig? Keineswegs! Meditationsmethoden sind notwendig und wertvoll, um unseren Geist geschmeidig, konzentriert und weit zu machen. Sie bringen unser Denken an einen Punkt KURZ VOR das Loslassen von allem, aber nicht darüber hinweg.

Allerdings bleiben 99% aller Übenden bei der Meditation oder ihrem „Zazen" hängen, sie spielen Meditation! Sie vergeuden ihre Zeit. Wie ein Fallschirmspringer, der unzählige Kurse absolviert, alle Details der Kunst perfekt versteht und alles zeigen und erklären kann. Wenn er aber niemals springt, alles Wissen und in dem Moment alle Technik und Be-"Denken" hinter sich lässt, dann wird er niemals das Gefühl des Fliegens oder Freifalls erleben können! Das Zusammenlegen des Fallschirms zum tausendsten Male wird ihn auch nicht weiterbringen, sondern nur das mutige Springen in die Unendlichkeit.

Also kurz:

Mit „Meditation“ verbindet unser Denken Vorstellungen und Methoden. Alles dies stellt immer noch DENKEN dar. Erleuchtung bedeutet aber, alles Denken hinter sich zu lassen, loszulassen, nicht anzuhaften an Gedanken und Gefühlen! Deshalb ist Meditation auch so gefährlich: Ihre Methoden halten uns fest und vermitteln uns das Gefühl, etwas Sinnvolles zu tun. Aber erst wenn wir es wagen, von allem TUN loszulassen, also NICHT MEHR MEDITIEREN, dann werden wir wirklich frei! Wir bleiben am Punkt vor dem Denken.

Bevor wir loslegen, NICHT zu meditieren, noch ein paar Worte zu unserem regen Geist:

DAS GEDANKENKARUSSELL

Unser intelligentes Gehirn ist unser Segen, aber auch unser Fluch! Warum sollten Sie überhaupt meditieren oder vielleicht auch nicht? Worin besteht der Nutzen, sich mit der Aktivität seines Geistes zu befassen, ihn zu verstehen oder gar davon loszulassen? Wie können Sie sich motivieren zu üben, obwohl es ja Mühe und Zeitaufwand erfordert? Warum meditieren Menschen überhaupt?

Immer auf der Suche

Schon Buddha hatte erkannt, dass Leben Leiden bedeutet, wo ständiger Existenzkampf herrscht und alle Lebewesen sterben müssen. In seinen Lehrreden wurde klar, dass dieses Leiden ausschließlich durch unser Denken verursacht wird! Klar gibt es äußere Ereignisse, die belastend wirken, aber wir Menschen sind eigentlich fast immer unzufrieden, gehetzt und auf der verzweifelten Suche nach dem Irgendetwas (Glück, Partner, Erfolg, Dinge ...), also praktisch nie wunschlos glücklich und entspannt – außer in kurzen Phasen besonderer Mo-

mente der Freude. Immer ist da das Wollen. Kaum jemand ist zufrieden damit, wie es ist.
Kann man überhaupt wunschlos glücklich und entspannt sein?

Ständig auf der Flucht

Den wenigsten ist bewusst und auch Sie werden das vielleicht von sich nicht wirklich denken, dass wir dauernd vor irgendetwas fliehen. Wann haben Sie das letzte mal, obwohl Sie wach waren, GAR NICHTS GEMACHT, also nur entspannt geruht ohne zu schlafen, ohne Musik zu hören oder zu lesen? *(Anm.: Dies wäre übrigens der erste und wichtigste Schritt zur Meditation!)*
Immer treibt uns der eigene Geist dazu, etwas zu tun und in unserer Gesellschaft gelten Ruhephasen schon als anstößig. Schnell fühlt man sich dann als Gammler, Faulenzer oder empfindet Langeweile, wenn man einfach mal „abhängt".
Warum ist das so? Nicht die Gesellschaft ist schuld, oder dass wir heutzutage mehr arbeiten müssten als früher (ganz im Gegenteil!), sondern es sind unsere Gedanken, vor denen wir uns fürchten oder die uns nicht in Ruhe lassen – das sog. Gedankenkarussell, das uns manche meist negative Idee auch Hundert Mal präsentiert. Kennen Sie das?

Unsere Ausweichmethoden

Unser Geist hat derart viele Tricks entwickelt, um seine Herrschaft über uns zu behalten, um ständig den Chef zu spielen und um so etwas wie Selbsterkenntnis zu vermeiden. Auch Sie werden sich bei den folgenden Punkten irgendwo wiedererkennen. Wenn nicht, dann sind Sie ein Weiser, ein Guru, ein Kleinkind, ein Dackel oder Meerschweinchen, eine Eiche, ein Stein oder ein Gott und brauchen nicht weiterzulesen.

Wir lassen uns von **Musik** berieseln, manche sogar mitten unter Menschen (Fitnessstudio, Straße, Auto, Arbeit), so dass Kommunikation mit und Wahrnehmung der Umwelt deutlich erschwert werden. **Spielsucht**, **Kaufrausch**, **TV- und Youtube, Instagram, Tic Tac**, **Facebook, Chats**, zu viel **Sport** oder **Sex** sind noch die harmloseren Varianten. Bedrohlicher wird es dann beim täglichen Glas (oder mehr) **Wein, Zigaretten, Tabletten, Drogen** und, ja, übermäßigem **Essen**! Es gibt noch viele oft subtile Ausweichmanöver, mit denen unser überdrehter Geist uns auf Trab hält, ja sogar quält, nicht in Ruhe lässt, uns durch unser ganzes Leben jagt, ohne uns die Gelegenheit zum Ausruhen zu geben, außer im erschöpften Schlaf. Und auch dieser wird immer häufiger gestört durch den **Wahnsinn in unserem Gehirn.** Alle o. g. Tätigkeiten sind nicht schlecht, solange sie im gesunden Maß betrieben werden. Aber tun wir das?

Dauerhetze

Dabei rede ich nicht nur vom üblichen Stress und von Arbeitsüberlastung mit dem berühmten Burnout! Nein, diese Lebensweise, ständig in Gedanken

gefangen zu sein, betrifft auch Rentner, Obdachlose, Reiche auf ihrer Yacht und Singles mit Halbtagsjobs. Unser Denken erzeugt dieses Dauerfeuer ganz von selbst und ohne äußere Ursache. Das Gehirn läuft auch auf Volltouren, wenn wir keine Arbeit und keine Aufgabe haben; dann oft noch viel mehr! Es hält uns ständig mit Gedanken an Vergangenheit (Schuld, Trauer) oder Zukunft (Sorgen, Ängste) unter Feuer, obwohl es uns im Augenblick sehr häufig eigentlich gut geht. Wir leben wie in einem „brennenden Haus", wie man im Buddhismus sagt.
→ *Den wenigsten ist bewusst, welchen grausamen Sklaventreiber und Gefängniswärter sie immer mit sich herumtragen – das eigene Denken!*
Schon oft habe ich von Freunden den Ausspruch gehört: „Ich muss mal `raus hier, dringend in Urlaub fahren!". Dann erinnere ich manchmal an die Kosten (=Arbeitsleistung für Geld), an den langen Flug (=noch mehr Stress), die vielen Touristen vor Ort (=wie zu Hause) oder sage: „Wenn du dich erholen willst, dann lass aber deinen Kopf da!". Kaum einer versteht meine Worte wirklich.
Sie fliehen alle vor sich selbst!

Selina und die Katze

Es gibt ein wunderschönes Kinderbuch mit o. g. Titel, das häufig auch von Psychotherapeuten benutzt wird. Dort fürchtet sich ein Kind vor einer Katze und rennt natürlich vor ihr davon. Erst als sie auf den Rat ihrer Freundin (einer Ratte) hin stehen bleibt, sich umdreht und auf die Katze zugeht, wird diese immer kleiner und verschwindet mit der Zeit im Nichts. So hat sich Selina befreit! Und so kommen wir zur Meditation:

Mut

Ja, Sie lesen richtig! Meditation ist nichts anderes als die Handlung von Selina, die den ungeheuren Mut aufbringt, sich der Bedrohung zu stellen. Welche Bedrohung?
Das ist auch der tiefere Grund, warum doch nur relativ wenige Menschen meditieren und deren Geist immer tausende Ausreden hat, es nicht zu tun: Keine Zeit, brauche ich nicht, funktioniert doch nicht, habe Wichtigeres zu tun usw.
Unser mieser kleiner Geist (=das sog. „Kleine Ich“) tut alles, um zu vermeiden, dass seine Dominanz untergraben und sein Tun hinterfragt wird! So rennen wir von einer „Pflicht“ zur nächsten „Aufgabe“ und erledigen ständig die Tausend Dinge, von denen wir denken, sie tun zu „müssen“.

Einfach und schnell

Alkohol, Tabletten, das laute Radio, schneller Sex und hektische Betriebsamkeit sind viel leichter und *schneller verfügbar* als die Ruhe der Meditation! Ein Glas Wodka wirkt nahezu sofort und heftig, ein Smartphone ist schnell entsperrt und andere Menschen sind für einen schnellen Smalltalk online leicht verfügbar! Meditation oder Atemyoga sind ungewohnt, bedürfen eines halbwegs ruhigen Platzes und es scheint uns aus o. g. Gründen sehr viel schwieriger zu sein, nichts zu tun, als in Aktionen zu verfallen.

Die letzte Freiheit

Dabei ist Meditation (und erst recht später das Nicht-meditieren!) wirklich die einzige und letzte Freiheit, die keine schädlichen Nebenwirkungen aufweist UND langfristig wirklich Ruhe von Ihrem Gedankenkarussell bringt. Alle anderen Methoden kosten Geld, sind oft dramatisch schädlich und wirken nur kurzfristig. Sie machen uns alle abhängig und versklaven uns noch mehr. Wir tauschen nur für eine kurze Zeit die Sklaverei durch unsere Denken gegen die Sklaverei durch Substanzen oder Ausweichmethoden!

Entscheiden Sie sich!

Nun können Sie diesen Text zustimmend oder ablehnend, nachdenklich oder nicht, auf die Seite legen und vergessen ... oder Sie können eine Entscheidung treffen! **Entscheiden Sie sich jetzt! -** denn in zwei Tagen haben Sie es vergessen -, ob Sie Ihre kurzfristigen, leicht verfügbaren Methoden der Flucht beibehalten werden, oder ob Sie der Meditation bis hin zur Nicht-Meditation zumindest für eine Probephase von 6 Wochen oder 3 Monaten eine Chance geben werden!

→ „Wer bin ich?“, wenn der Geist aufgehört hat ständig zu plappern, wird alles klar!

ERLEUCHTUNG

Jeder hat schon von dieser ominösen „Erleuchtung" gehört. Manche berichten von spontanen Erlebnissen, andere von jahrelanger Übung. Schon vor über Tausend Jahren gab es einen vehementen Streit unter Kundigen, ob diese Erleuchtung nun plötzlich oder stufenweise auftritt. Aber ist das wirklich wichtig? Beide Seiten hatten und haben recht: Wenn man lange genug geübt hat - was auch immer -, ein gewisses Maß an Neugier und Hingabe entwickelt hat, sich mit der Materie beschäftigt... dann kann sie schlagartig auftreten! Die wenigsten entwickeln diese Klarheit und Ruhe ohne Vorbereitung und ohne Übung. Zu hartnäckig hält unser Geist an seinen Denkmustern fest. Auch der Dalai Lama bestätigt, dass es einen einfachen Weg nicht geben kann; gewisse Mühen und Anstrengungen seien notwendig. Er hat recht, sonst wäre ja fast jeder erleuchtet, klar denkend und tief entspannt. Aber genau darin liegt auch die Gefahr, auf die dieses Booklet hinweisen möchte:

→ *Erleuchtung ist nichts, was wir erreichen können, wenn wir uns nur genug anstrengen! Dies ist eine für unser Denken typische Annahme, zumal für uns ehrgeizige Westler.*

Aber was ist nun Erleuchtung? Wie erklärt man einem Menschen, der zeitlebens blind war, die Farbe Grün? Genau! Wenn sie (die Erleuchtung) hinter und jenseits dem Denken liegt, wie könnte dann Sprache (ein Denkprozess) sie erklären können?

Fast immer wird sie erklärt durch Negationen, also dadurch, was sie nicht ist: Erleuchtung kann man nicht erreichen, indem man sich anstrengt. Sie liegt nicht außerhalb unserer Existenz. Es gibt kein Wesen, das nicht erleuchtet wäre! Was ist nicht Erleuchtung. Man kann sich Erleuchtung nicht vorstellen...

→ *Ein gutes Bild hierzu liefert die bekannte Geschichte vom Fisch im Ozean, der alle fragt: „Wo ist das Große Meer, wo ist das unendliche Wasser?" Wir alle sind schon mitten darin, können es aber nicht erkennen!*

Positiv und metaphorisch erklärt ist Erleuchtung die Beseitigung von Verblendung, Verdunklung oder Nebel unseres Denkens und Fühlens. Konkret müssen sich unsere Vorurteile, Meinungen, Vorstellungen und Unterscheidungen auflösen, um Erleuchtung zu erfahren.

→ **Kurz gesagt: Erleuchtung ist eine Geisteshaltung, in der alle Vorstellungen und Unterscheidungen abwesend sind!**

Also leben wir alle eigentlich immer im Zustand der sog. natürlichen Erleuchtung, die lediglich durch unser Gedankenkarussell (siehe oben) verschleiert und unsichtbar für uns ist. Sie ist also nichts, das hinzugefügt wird, sondern die Sichtweise und Geisteshaltung, nachdem unsere Denk-Illusionen - und sei es nur für Sekunden - weggefallen sind!

Deshalb sagen wirklich Weise, dass es keinen Unterschied zwischen Erleuchteten und Nicht-Erleuchteten gibt, außer dem, dass die einen sie erkennen können und die anderen nicht (wie die Fische im Ozean).

Ich drücke es gerne so aus:

→ *„Ihr seid Sehende, die träumen blind zu sein!“*

Wenn Ihr aufwacht, könnt Ihr sehen, obwohl Ihr nie daran geglaubt hattet…

Aber wie kann man aufwachen? Wie kann man vom ständigen Denken an Vergangenheit oder Zukunft loslassen? Gibt es ein „Nicht-Denken“?

ACHTSAMKEIT

Ich mag das Wort nicht sonderlich, weil es seit Jahren tot getrampelt worden ist, zumal es im Englischen „mindfullness" heißt, also „voller Geist". Und genau das ist ja unser Problem, das es zu lösen gilt: Die vielen sich wiederholenden Gedanken, die uns quälen, müssen wir hinter uns lassen, loslassen, vergessen.

Aber was damit gemeint ist, die volle Wachheit im Augenblick, ist die entscheidende Eintrittspforte: Denn wenn wir wirklich völlig im Hier und Jetzt sind, also nur wahrnehmen, was wir sehen, hören, fühlen, schmecken und riechen, dann können wir nicht an Vergangenes oder Zukünftiges denken! Unser *Sinneswahrnehmungen finden nur in diesem einen Moment des Augenblicks* statt. Deshalb gibt es so viele Meditationen, die diesen Aspekt betonen und Übungen, die unsere Denken im Jetzt halten sollen (z.B. auch in meinem Booklet „Weg damit!"). Eigentlich kann man dann nicht mehr von Denken reden, eher von ausschließlicher Wahrnehmung. Denken können wir immer nur im Nachhinein, wenn etwas bereits passiert ist, oder wenn wir uns Vorstellungen von der Zukunft machen.

→ Kurz gesagt: Wenn es uns gelingt, unsere Wachheit völlig in diesem Moment zu halten, dann befinden wir uns in einem gedankenlosen, sorgenlosen, angstfreien Zustand!

Wer dies wirklich nur für Sekunden erlebt hat, weiß wie zauberhaft schön es sich anfühlt, frei vom Gedankenkarussell zu sein.

Solche Übungen sind wichtig und trainieren unseren Geist, sich zu konzentrieren. Ständig gleitet unser Denken ab, man nennt dies das Träumen, ähnlich dem Träumen im Schlaf. Weise sprechen davon, dass wir meistens auch tags schlafen, in Traumwelten versunken sind. Wer läuft schon hellwach durch die Fußgängerzone? Fast jeder denkt daran, was er als nächstes vorhat, was er noch erledigen muss oder sinniert gedanklich, was heute Morgen geschehen war, ist also in der Vergangenheit. Keiner ist ständig im realen Jetzt.

Achtsamkeitsübungen, der Yoga-Stufe des Dharana entsprechend, sind also ganz wesentlich, um unseren zerstreuten Geist auf einen Aspekt zu konzentrieren. So wird das Denken schon weniger verwirrend, fokussierter und v. a. im Jetzt gehalten. Aber dies ist sehr anstrengend und schwierig. Sich nur wenige Sekunden ausschließlich auf eine Sache (Atem, eine Kerze, einen Gedanken) zu konzentrieren, erfordert unsere ganze Energie und Hingabe. Somit ist klar, dass uns dies immer nur kurze Momente gelingen wird und wir tausende Male immer wieder zum Konzentrationsobjekt zurückkehren müssen.

Nochmal: Warum ist das „Jetzt“ als Übung so wichtig:

JETZT!

Vergangenheit und Zukunft existierten nicht, haben nie existiert und werden nie existieren! Sie sind illusorische Produkte unseres Denkens.
Die Vergangenheit, die damals ein Jetzt war, mag in unserem Gehirn Spuren in Form von chemischen Botenstoffen und elektrischen Strömen verursacht haben. Aber sie ist unzweifelhaft jetzt vorüber. Man kann weder auf sie zeigen noch sie zur Realität werden lassen. Man könnte sie mit einer DVD im großen Regal unseres Gedächtnisses vergleichen.
Die Zukunft wird ebenfalls durch unseren regen Geist anhand von Erfahrungen und Erwartungen erzeugt. Ängste und Sorgen sind eine Folge dieser Gehirnaktivitäten. Aber „die Zukunft" als Vision sieht jeder der 7.xx Milliarden Menschen anders und sie tritt niemals in allen Details so ein, wie unser Denken sie vermutet; sonst wüsste ja jeder die Lottozahlen oder seinen Todestag schon heute! Auch die Zukunft könnte man sich als DVD vorstellen, die der geniale Regisseur in unserem Gehirn als Science-Fiction-Film ständig neu produziert, nicht mehr. Sie entbehrt jeglicher tatsächlichen, objektiven Realität im Jetzt.

→ *Und deshalb ist es so wichtig zu üben, seinen Geist*

im JETZT zu halten! Dadurch lässt man von allem Nach-Denken los. Denn jetzt gibt es nur Aktion, kein Hinterher-Denken!

Wäre da nicht der schon erwähnte Aspekt, dass wir nur über die Bemühung unsere Geistes selbst versuchen können, diesen im Jetzt zu halten. Der Hund beißt sich in den Schwanz.

(Anmerkung: Eigentlich gibt es auch ein „Jetzt" nicht wirklich, denn auch dies ist nur ein Wort und eine Vorstellung unseres Denkens. Wir können uns das Jetzt nur im Gegensatz zu einem Nicht-Jetzt vorstellen. Das Wort beinhaltet also Vergangenheit und Zukunft ebenso. Wir benutzen es dennoch, um die Übung der Wachheit im Augenblick zu verdeutlichen.)

GEFAHR

Und schon wird uns klar, welche Gefahr mit dieser Anstrengung verbunden ist: Wir denken, je mehr wir uns anstrengen, desto schneller gelänge es uns, immer „besser“ zu werden. Und zusätzlich müssen wir fragen, wer sich denn hier konzentriert, wer denn hier Achtsamkeit und Wachheit erzeugt? Es ist unser Geist! Wenn wir aber unseren Geist stärken - und sei es nur den Teil, der sich konzentriert oder beobachtet -, werden wir niemals von ihm loslassen können! Und wie Sie bereits wissen, geht es bei der Erleuchtung genau darum: Loslassen von allem Tun, Denken, Wollen etc.

ALLES QUARKS!

Bevor wir endlich zum Kern der Sache, dem Nicht-Meditieren kommen, lesen Sie bitte nur noch diesen letzten wichtigen Punkt.

Einen weiteren Aspekt der Weisheit stellt neben dem Jetzt als einzig wirklichem Moment des Lebens folgendes dar:

Wir alle sind mit allen Lebewesen und Dingen auf der Welt ein einziges, großes Ganzes. Alle Unterscheidungen, Abgrenzungen, Vorstellungen, Urteile usw. sind lediglich Produktionen unseres Geistes. Alles auf der Erde (und im Universum?) besteht lediglich aus kleinsten Teilchen, möge man sie nun Atome, Moleküle oder Quarks (die kleinsten Teilchen der kleinsten Teilchen) nennen, und diese bilden einen einzigen Organismus. Zu glauben es gäbe „Bäume“, „Mäuse“ oder „Menschen“ erweist sich als subjektive Sichtweise unseres Denkens. Andere Lebewesen erkennen in den o. g. Dingen ganz anderes. Zudem sind sie derart vergänglich und wandelbar, in jedem Augenblick, dass man schwerlich von absoluten Erscheinungen mit Eigennatur sprechen kann. Also können diese keine allgemeingültige Realität sein!

Mit den Benennungen erschafft unser Geist also Personen, Tiere, Pflanzen und Dinge, die in der letztendlichen Realität gar nicht derart real sind und ebenso wenig voneinander getrennt existieren.
Man kann sich die ganze Welt vorstellen wie eine große Kugel aus Teig oder Ton, aus der der Bäcker oder Künstler ständig neue Formen erschafft. Wir alle sind lediglich aus dieser Grundsubstanz erschaffen, waren vor der Geburt etwas anderes und nach dem Tod ebenfalls. Diese Substanz - alles Quarks! - wird lediglich ständig gewandelt und bringt seit Urzeiten immer neue Formen hervor und alte vergehen. Die Masse oder Energie – beides ist ineinander umwandelbar - dieser Grundsubstanz wird von der Sonnenenergie angetrieben und bleibt in sich konstant.
Aus der Erkenntnis, dass alle Wesen mit allen Dingen ein großes Ganzes bilden, entsteht fast immer automatisch ein umfassendes Mitgefühl und demütige Rücksichtnahme. Denn wie könnte ich jemanden verletzen oder berauben, wie könnte ich der Welt schaden, wenn ich selbst doch diese Anderen und die ganze Welt bin?
→ *JETZT und EINS sind die wichtigsten Grundinhalte der Weisheitslehre nicht nur im Zen(-Buddhismus).*
Aber bisher ist auch die Erkenntnis des „EINS-Seins mit Allem“ lediglich Denken. Denken wägt immer ab, vergleicht, hat Meinungen, unterscheidet in Zu- oder Abneigung und analysiert. Es kommt nie zur Ruhe. Wie also gelangen Sie endlich in den Flow des Nicht-Denkens, in dem wir die Integration mit

Allem intuitiv erfahren können?

MEDITIERE NICHT!

Wie schon beschrieben sind Meditation und Yoga oder Ähnliches keinesfalls abzulehnen. Sie sind wichtige Übungen für einen klaren, konzentrierten Geist und für innere Ruhe. Die meisten rennen den ganzen Tag nur hinter eingebildeten Pflichten her. Dabei müssen wir nichts weiter als sterben, und nicht einmal das! *(Anm.: Wenn man sich nicht als Person betrachtet, sondern als Teil des großen Ganzen, dann gibt es keinen Tod. Denn das Große Ganze wandelt sich nur um, stirbt aber nicht.)*

Meditation und alle Methoden führen aber definitiv nicht zum Loslassen vom Denken, zum Nicht-Anhaften an Gefühlen und anderen Phänomenen. Und noch einmal: Meditation (stellvertretend für alle sich bemühenden Methoden mit Regeln und Abwandlungen) kann nicht zur Erleuchtung führen!

Deshalb nennen echte Zen-Buddhisten ihre Übung auch das **„Nur-Sitzen“**. Dieses Zazen soll absichtslos geschehen und eben aus den o. g. Gründen ohne Mühe, ohne Methode und ohne geistige Aktivität ablaufen.

Aber ich kann Ihnen versichern, dass auch in noch so geübten Kreisen, z. B. in Zen-Klöstern geleitet von

Meistern, 99% der Übenden sog. totes Zazen „üben". Sie sitzen zwar ruhig und bewegungslos da, aber ihr Geist schläft, döst vor sich hin, träumt, zählt Atemzüge, schiebt Gedanken weg oder wartet. Also er tut etwas. Ja, auch Warten ist ein Tun!

Sich an die Absicht zu halten, nichts zu denken, ist ebenso eine Anstrengung und Vorgabe des Denkens! Und schon wieder sind wir beim Bemühen und Tun! Langsam erkennen Sie, wie vertrackt sich die Sache mit dem Nicht-Denken, mit dem Nichts-Tun außer zu sitzen und mit der Absichtslosigkeit verhält.

→ *Wir Westler schaffen es sogar, das Nicht-Wollen zu wollen! (im Beispiel oben steht auf dem weißen Blatt dann „Wollen" und wird wieder durchgestrichen!)*

Was können wir tun, um endlich von allem Tun und Wollen loslassen zu können, wenn sogar ein „Tue nichts!" bereits ein Tun ist. Auch in dem Warnruf für unser rennendes Kind „Falle nicht hin!" enthält ja zuerst einmal die Aufforderung zu fallen, die dann aber wieder gestrichen werden soll. Puhh! Wenn das mal nicht verrückt ist.

→ *Was aber tun wir dann, anstatt zu „meditieren"?*

Lesen Sie im nächsten Absatz den kurzen Dialog zwischen Schüler und Meister, den ich bei Seminaren und Meetings manchmal bringe:

EINFACH NUR DA-SEIN

Was die Übung wirklich ist! Im Dojo beim Zazen wurde ein Zen-Meister von einem Schüler gefragt:

„Was tut ihr beim Meditieren, Meister?"
„Ich tue nichts."
„Aber ihr sitzt doch hier in einer bestimmten Haltung vor einer Wand oder einem Gegenstand."
„Das ist richtig. Ich sitze in einer der üblichen Sitzhaltungen bewegungslos, aufrecht und wach da. Aber ich tue nichts."
„Aber ihr schaut doch die Wand oder den Stein an?"
„Nein. Diese Dinge sind da, aber ich schaue sie nicht an, auch wenn meine Blickrichtung dorthin weist."
„Ignoriert ihr diese dann, achtet ihr absichtlich nicht darauf?"
„Nein, ich ignoriere auch nicht, ebenso wenig, wie ich auf sie achte."
„Wie haltet ihr das dann mit dem Atem? Zählt ihr die Atemzüge, achtet ihr auf Ein- und Ausatmung?"
„Nein, ich tue nichts dergleichen."
„Beobachtet ihr euer Gedanken und lasst diese wieder los?"
„Nein, ich achte nicht auf Gedanken und tue nichts mit ihnen."

„Konzentriert ihr euch auf einen Gedanken oder einen Punkt?"
„Ich mache gar nichts. Keine Konzentration, kein Beachten, kein Beobachten, kein Loslassen."
„Wartet ihr, bis euer Geist ruhig wird?"
„Nein, ich warte nicht. Alles geschieht wie von selbst."
„Erzeugt ihr Nicht-denken, indem ihr eure Gedanken loslasst?"
„Ich erzeuge nichts, ich tue nichts."
„Aber wozu seid ihr dann da? Ihr meditiert doch mit uns!"
„Ich meditiere nicht. Ihr meditiert oder ihr spielt „Meditieren"!"
„Ihr meditiert nicht? Ich dachte immer ihr übt Zazen oder Meditation mit uns?"
„Nein, ich übe nicht. Ich tue nichts dergleichen."
„Aber ihr müsst doch irgendetwas tun?"
„Warum? Nein! Ich muss rein gar nichts! Keine Aufgabe, keine Pflicht, kein Tun, rein gar nichts!"
„Schlaft ihr dann?"
„Keineswegs. Ich bin ganz wach, ohne Träumen und ohne Schlaf."
„Was ist dann das Wesen eurer Anwesenheit, eures Hierseins?"
„Ich bin einfach nur da!"

Dieser Dialog mag anfangs etwas befremdlich erscheinen. Lassen Sie ihn uns aber in seinem Wesenskern erfassen:
Der Schüler, wir alle, erwarten immer, dass bei allem, was wir uns vornehmen oder tun, etwas

zu geschehen hat, eine Absicht und ein Sinn und Zweck damit verbunden sein muss. Alles dies aber, „Absicht“, „Sinn“, „Zweck“ usw. stellen aber Vorstellungen unseres Denkens dar. Sobald wir diese befriedigen, halten wir das Denken am Laufen. Dies ist wie schon mehrfach klar geworden ist, nicht unser Streben.

Wenn ich aber meinen Schülern sage, sie sollen NICHTS tun, weder auf Gedanken achten, noch die Atemzüge zählen, noch die Gefühle oder Körperregungen beobachten; nicht einmal auf das, was jetzt geschieht achten, dann verzweifeln sie sehr schnell. Mit dem NICHTS TUN sind fast alle überfordert, weil der nörgelnde Verstand immer eine Aufgabe braucht. Er ist wie ein kleines Kind, das beschäftigt sein will, sonst wird es ungeduldig und aufsässig. Genau so dürfen Sie sich Ihren Geist vorstellen:

„Mama, Papa, ich will spielen! Spiel mit mir! Gib mir, zeig mir, mach mit mir, ich will... jetzt gleich und ständig mehr!“

Wie können wir uns von dieser Dauerhetze durch unseren eigenen Geist befreien? Selbst die verneinenden Anweisungen „beachte nicht!“ oder „tue nicht!“ führen ja dazu, dass wir es gerade doch tun und dann nachträglich wieder sein lassen, wie wir bereits wissen. Verrückt? Ja, unser Geist ist verrückt! Er ist alles andere als klar, ruhig, verlässlich. Deshalb jetzt endlich die ultimative Anleitung zur Freiheit:

Anleitung: „Nur-Da-Sein“

Dabei ist es so einfach. Ein kleines Kind kann es. Ein Hund kann es. Jeder Baum weiß besser in jedem Moment zu leben, als wir mit unserem ständigen hin und her und unseren Zweifeln! Mein letzter Zen-Meister, Seung Sahn, sagte immer: „Wenn du nicht weißt, was richtig und falsch ist in deinem Leben, wenn du nicht weißt, was zu tun ist, dann gehe in den Garten und frage den Baum dort. Der weiß in jedem Moment, was seine Aufgabe und Richtung im Leben ist!“

Das mag herablassend oder sarkastisch erscheinen, er meinte dies aber sehr ernst und aufrichtig. Sobald wir uns wie ein Kleinstkind oder eine Pflanze oder ein Tier verhalten, tun wir alles nur von Moment-zu-Moment. Alle diese tun immer nur das Naheliegende, das, was als nächstes intuitiv und natürlich, automatisch und unbewusst anliegt, ohne nachzudenken. Er nannte dies „den Weiß-nicht-Geist bewahren.“

Ich vergleiche es gerne mit dem Atmen oder Gehen. Auch hier können wir nur den jeweils nächsten Atemzug oder Schritt tun, nicht den dritten oder vierten vorziehen! Ich nenne es lieber ohne Verneinungen ganz positiv:

→ **Einfach nur Da-Sein!**

Wie? Keine Ahnung! Von Moment zu Moment handeln ohne nachzudenken, intuitiv einfach da sein. Wie können wir dies wie eine „Meditation“ üben, bis es sich auf unseren Alltag überträgt?

Beachten Sie den Wortlaut ganz genau: *„Einfach nur Da-Sein!“*

1. „Einfach“ bedeutet nicht kompliziert, keine mehrstufigen Anleitungen, simpel, easy und für jeden nachvollziehbar.

2. „Nur“ schließt kategorisch alles andere aus: Nichts anderes sollen wir tun oder erfahren, als das nach dem „nur“:

3. „Da-Sein“ ist ein Substantiv und beschreibt einfach unseren Lebenszustand. Solange wir leben sind wir da. Dies ist unser Dasein! Gleichzeitig könnte man es auch als Verb auffassen, ein Tun-Wort. Wir sollen sein. Wo und wann? Hier und jetzt, also da, wo wir gerade sind und wie wir gerade sind. Darin enthalten ist die totale Akzeptanz aller Lebensumstände, die uns und unsere Umgebung und unsere aktuelle Zeit betreffen! Träumen wäre allerdings, nicht da zu sein. Da-Sein bedeutet also diesen Augenblick pur.

Und genau dies und nichts anderes üben wir, wenn wir uns in meditativer Haltung setzen. Wir üben lediglich („nur“) im Hier und Jetzt zu sein („Dasein“) und nichts, aber auch gar nichts anderes zu tun. Klar, wir sitzen, aber dies ist nicht wirklich eine Tätigkeit, vielmehr eine Körperstellung, ebenso wie das Dasein keine Handlung, keine Aktion darstellt, sondern eben einen Zustand, ein Sein.

Wenn wir also wie in Meditation oder Zazen sitzen, dann bleiben wir ganz wach, nämlich im „Da“, und wir tun rein gar nichts, was sonst in meditativen Übungen üblich wäre. Wir beobachten keinen Atem, wir beobachten keine Gedanken, wir konzentrieren uns nicht... usw. (siehe nochmals oben den Dialog!). Da entsteht erst gar kein Wort, das wir auf das Papier schreiben müssten!

DAS WESENTLICHE

Diese Übung des NICHT-MEDITIERENS oder des NUR-DA-SEINS ist im Grunde das Einfachste, Klarste und Wundervollste, das man sich gönnen kann: Absolut keine Aufgaben, keine Aktion, keine Pflichten, keine Regeln, keine Anstrengung und keine Absicht. Alles geschieht wie von selbst. Wir müssen aktiv nichts vermeiden, wir müssen nichts beginnen oder beenden.

Wir dürfen uns jeden Tag auf diese Übung des Nicht-Tuns freuen. Diese Zeit gehört nur uns. Wir brauchen rein gar nichts zu tun. Wir dürfen genießen, einfach am Leben zu sein, da zu sein! Ist das nicht das Wundervollste und Befreiendste, was Sie jemals (nicht-)getan haben! Das ist pure LEBENSFREUDE am Da-Sein.

Einzige Voraussetzung - und nicht einmal das ist genau genommen nötig, aber macht es uns einfacher! - ist nur das bewegungslose, ruhige Sitzen in der stabilen Meditationshaltung mit offenen Augen (gegen Einschlafen). Somit zeigen wir dem Geist, wohin die Reise geht: Er soll ruhig, stabil, wach und ohne Anstrengung sein. Der Körper macht es dem Geist vor!

Seit ich derart übe, freue ich mich noch mehr auf meine tägliche Übung, wo ich mich vorher manchmal zu müde gefühlt hatte oder mich nicht anstrengen (konzentrieren) wollte. Alles geschieht mir ganz von selbst. Wenn ich müde bin, dann bin ich einfach müde. Wenn ich unruhig bin, dann soll es so sein und ich bin unruhig. Wenn tausende Gedanken kommen, dann lasse ich den Geist in Ruhe. Es ist nicht einmal ein Abwarten, bis der Geist ruhiger wird. Soll er doch sein, wie er mag. Ich bin einfach nur DA! *Einfach genau so wie ich nun mal gerade bin.*

→ *Sie werden das so gerne „üben" wie noch nie in Ihrem Leben!*

KURZANLEITUNG

Hier nochmal kurz und knapp das praktische Vorgehen am Übungsplatz für Eilige und einfach zum Wiederholen und mehrfachen Durchlesen. Kopieren Sie sich das Fettgedruckte oben und die folgenden Punkte einfach aus dem Buch heraus - aber bitte nur für sich, wegen des Copyrights! - und hängen diesen Zettel an Ihren Nicht-Meditationsplatz!

1. Körperhaltung

Setzen Sie sich in Meditationshaltung an einen ruhigen Platz. Erlaubt sind alle aufrechten Positionen, in denen Sie nicht leicht einschlafen können und in denen Sie 10-25 Minuten stabil sitzen können (Lotus-, burmesischer, Seiza-Sitz). Anleitungen für richtige Sitzhaltung finden Sie in meinen Meditationsbüchern (siehe Anhang) und natürlich im www.

Wichtig: Der Körper soll weitgehend bewegungslos ruhen, also ohne Herumrucken und -wackeln, ohne Kratzen, ohne Räuspern usw. Nur wenn es gar nicht anders geht. Denn jede Bewegung wäre ja ein Tun. Nur da zu sein heißt ja nichts anderes zu tun, als einfach nur anwesend zu sein.

2. Zuerst: Nichts tun

Sagen Sie sich am Anfang innerlich vor, wie sehr Sie sich *freuen*, nun beginnend mit 10 Minuten täglich, langsam wöchentlich um 5 Minuten steigernd bis zu 25 Minuten, einfach nur da sein zu dürfen, ganz *ohne Pflichten und Aufgaben*. Feiern Sie lächelnd diese Zeit, in der alle Pflichten und jedes Muss abwesend sind. Sie dürfen alles beobachten und wahrnehmen, was in diesem Moment ist. Beobachten und Wahrnehmen sind aber keine Aufgaben, sie geschehen einfach von selbst.

3. Dann: Nur DA

Sie müssen und brauchen nichts zu tun. Dies betrifft auch den Geist. Irgendwelche Meditationsaufgaben sind abwesend. Kein absichtliches Hören von Geräuschen, kein gewolltes Beobachten von Gegenständen, kein Träumen in Vergangenheit und kein Denken an die Zukunft. Wenn es dennoch geschieht, dann akzeptieren Sie das. Aber Sie tun nichts absichtlich, lassen alles geschehen. Seien Sie *wie Treibholz im Ozean* oder wie ein Blatt im Wind. Alles geschieht Ihnen.

4. Bewusstheit

Von Minute zu Minute lässt Ihr Geist immer mehr los von allem Denken, alleine durch diese wache Bewusstheit! Und wenn heute nicht, dann ist auch das O.K. Auftauchende Gedanken und Gefühle sind kein Problem. Sie nehmen bewusst wahr und freuen sich, dass sie sich ganz treiben lassen dürfen.

Wenn Sie in träumenden Gedanken versunken sind, werden Sie sich dessen schnell bewusst. Dadurch verliert sich das Träumen mehr und mehr, ohne dass Sie dies aktiv tun müssten.

→ **Einfach nur Da-Sein!**

ACHTUNG IHR GEIST!

Was sich so leicht anhört, Sie ahnen es, ist nur so leicht, wenn Sie ihrem regen Nörgler „Denkmaschine“ im Kopf nicht gehorchen. *Bewusstheit ist alles, worum es geht.* Tun Sie absolut nichts, weder körperlich noch geistig!

Anfangs wird Ihr Denken dazu neigen, wie ein Kriminalkommissar zu beobachten und zu kritisieren: *„Schau an, da ist Träumen! Gedanken an die Vergangenheit. Das ist doch aber ein Tun, oder nicht? Darfst Du das? Schieb` das weg!“*

Da Sie aber nicht aktiv werden, wird Ihnen alles dies bewusst, aber Sie schreiten nicht ein. Sie werden Sorgen- oder Angstgedanken an die Zukunft bemerken. Klar, dies ist Denken oder Träumen, eine Aktion. Aber sobald Sie bemerken, dass Ihr Geist dies denkt, sind Sie ja nicht der Akteur, sondern nur der Beobachter. Auch Beobachten ist ein Tun. Also lassen Sie auch davon los. Sie müssen nicht beobachten. Es wird einfach geschehen.

Dies klingt verwirrend, aber ich will Sie nur darauf vorbereiten, was Sie erwartet, wie Ihr Geist nörgeln und quengeln wird, weil er Leerlauf hasst. Noch!

Kurz:

Sie tun gar nichts, sie lassen alles zu. Alles geschieht Ihnen. Gedanken werden also weder weggeschoben oder weggewünscht, noch beobachtet noch verstärkt oder vermindert. Man könnte Ihre Erfahrung – es ist ja kein Tun – ganz einfach mit den Worten beschreiben:

→ Nur **DA-SEIN** und →**BEWUSST-SEIN** oder →**WACH-SEIN**:

Nach einigen Malen der Übung, die ja aus Nicht-Tun besteht, werden Sie es immer mehr genießen und es wird die schönste Zeit Ihres Tages werden. Das Loslassen von allen Gedanken wird ganz von selbst geschehen, einfach durch passive Bewusstheit. Und wenn da jedes mal noch ein Sack voller Gedanken da ist, dann ist das völlig in Ordnung und normal. Es geht nicht darum, nichts mehr zu denken! Es geht nur darum, nicht an den Gedanken zu kleben, nicht anzuhaften. Ein Weiser hat den plappernden Geist einmal mit einem **Papagei auf der Schulter** verglichen:

„Man kann ihn nicht verjagen. Aber man kann lernen, ihn nicht zu beachten, egal was er plappert!“

Anfangs kann es helfen, solange Sie sich unsicher sind, wenn Sie eines der obigen Worte (Da-Sein, Bewusst-Sein, Wach-sein) oder alle hintereinander **wie ein Mantra** immer wieder wiederholen. Das können Sie laut oder leise oder stimmlos tun. Hilfsweise dürfen Sie das wirklich TUN, wenn Sie sich noch unsicher fühlen. Auch tausende Male! Mit der Zeit wird diese innere Haltung des Nicht-Meditierens aber zur geliebten täglichen Übung, wofür Sie keine Hilfestellung mehr benötigen werden.

MEDITIEREN ODER NICHT?

Nun sind wir in gewisser Weise wieder am Anfang angekommen, wo ich vor Meditation gewarnt und diese dennoch nicht abgelehnt hatte.

→ *Am leichtesten und produktivsten wird diese neue Übung des „Nur-Da-Seins", des „Nicht-Meditierens", für Sie anfangs sein, wenn Sie zuerst wie üblich meditieren!*

Nehmen Sie sich also ruhig eine ganz normale Meditationsübung vor oder Ihr gewohntes Zazen und praktizieren dies eine gewisse Zeit. Dies übt die Konzentrationsfähigkeit und Ruhe Ihres Geistes, was auch für den Alltag sehr wichtig ist. Ein konzentrierter und ruhigerer Geist ist nicht zerstreut und viel klarer und eher bereit für das Loslassen von Allem in der folgenden Phase.

→ Dann machen Sie einfach eine Pause vom Meditieren!

Bleiben Sie bewegungslos und ruhig in Ihrer geübten Meditationshaltung sitzen (Lotos, burmesischer oder Seiza-Sitz) und lassen alle Methodik, alle Absichten wie ausführlich beschrieben los. Es folgt eine genauso lange Phase des *Einfach-nur-Da-Seins.*

Durch die vorhergehende meditative Anstrengung oder was auch immer Sie mit Ihrer Meditation verbinden, wird Ihnen das totale Loslassen und absolute Nichts-Tun in der Meditationspause viel bewusster werden. Vielleicht kennen Sie die Entspannungsmethode nach Jacobson? Eigentlich kein allzu große Errungenschaft auf dem Gebiet der Ruheübungen. Aber dennoch genial, weil die Entspannung der Muskulatur nach vorhergehender intensiver Anspannung dann viel bewusster und tiefer wird!

Nach diesem Prinzip funktioniert die in diesem Booklet beschriebene Kombination von Meditation und Loslassen davon! Ausprobieren, noch Heute!

Langfristig bedarf es dann keiner „Meditation“ mehr. Sie können dann sofort in Ihre Da-Seins-Übung der Nicht-Meditation eintauchen, die richtig verstanden das sog. Zazen darstellt. Leider ist Zazen meist zu einem totem Herumgehocke mit Wichtigtuermiene geworden, anstatt jeden Augenblick davon sein Dasein wach und lebendig zu genießen.

Und wofür das Ganze? *Es gibt kein Ziel! Allein durch das tägliche, sitzende, ruhige Nichts-Tun, zeigen Sie sich und Ihrem Geist, dass Sie es können: Sich aus der Hetze herausnehmen! Sie sind nicht mehr Sklave des Gewohnheitsgeistes (=Karma). Sie haben die Kontrolle. Sie* *können jederzeit den Ausschalter benutzen. Sie werden nicht mehr gestresst, wenn Sie das nicht zulassen!*

*Und ganz nebenbei wird Ihr Geist im Laufe der Zeit wirklich KLAR und RUHIG. Aber! Sie dürfen das wie beim Einschlafen nicht wollen. Der Schlaf kommt auch nur, wenn Sie es zulassen. Mit Absicht und Wollen entsteht nur Krampf. Diese einfache Übung wird Ihr Leben verzaubern. Einfach ausprobieren! E**__einfach nur DA-Sein!__*

IST MEDITATION SCHÄDLICH?

Natürlich ist Meditation weder gefährlich noch schädlich, außer Sie sitzen wie eine Steinstatue stundenlang mit Märtyrermiene da und müssen sich zur Übung zwingen. Natürlich ist es wie beim Sport manchmal nötig, den inneren Schweinehund zu überwinden. Aber wie oft habe ich in Zen-Klöstern oder Meditationsseminaren (z. B. Vispassana) versteinerte Gesichter der Praktikanten gesehen, die in den Gehpausen (Kinhin) wie in einem schlechten Zombiefilm herumgeirrt sind ohne auch nur einmal am Tag gelächelt zu haben. Warum sollte man sich so etwas freiwillig antun?

→ **Der einzige Sinn und Zweck der Übung ist es, mehr LEBENSFREUDE zu entfalten!**

Aber es besteht die Gefahr - und viele erliegen dieser leider und verschwenden sehr viel Lebenszeit damit -, dass Sie beim „Meditieren" stehen bleiben. Sie ist nur ein Fahrzeug, eine Methode, wie ich schon in meinem ersten Buch 2011 beschrieben hatte. Man muss sie wie ein Boot nach der Überquerung des Flusses liegen lassen und weiter gehen. Keiner trägt das Boot mit, wenn er das andere Ufer erreicht hat!

Aber viele flüchten sich in die Meditation wie in einen sicheren Raum. Das ist nicht schlecht. Aber sie werden nicht frei von der Meditation und ebenso nicht frei durch die Meditation. Sie kann nicht zur letzten Freiheit führen. Erst das Loslassen von ihr und von allem anderen bedeutet die Befreiung, genannt Erleuchtung.

MOMENT-WELT

→ *Und nun ahnen Sie auch, was Erleuchtung ist: Das Loslassen von ALLEM und das reine Da-Sein, genau so wie wir nun mal sind, genauso wer wir sind, wo wir sind, wann wir sind… ! (nach Zen-Meister Dogen).*

Die Welt des Moments – Sobald Sie vergessen haben, dass es einen Moment vor diesem gab und sobald Sie vergessen, dass es einen Moment nach diesem gibt, erfahren Sie die Welt des Moments, das „Einfach-nur-Da-Sein"! Das ist wahres Erleuchtungs-Zen der Patriarchen.

Und wie? Da wir im Alltag so vielen Einflüssen und Reizen ausgesetzt sind – im Internetzeitalter noch viel mehr, als früher – müssen wir unseren Geist üben, ebenso wie wir unseren Körper im Fitnessstudio (oder durch anderen Sport) stählen. Muskeln müssen immer wieder trainiert werden, sonst bauen sie ab und wir werden fett und schwach. Genauso müssen wir unseren Geist immer wieder zur Ruhe oder sozusagen heimbringen, ihm Auszeiten gönnen und v. a. üben, vom sinnlosen Gedankenkarussell loszulassen. Nur wenn der Nebel der Alltagsgedankenflut sich aufgelöst hat, können wir erkennen, wer und warum wir sind! Erst dann haben wir wieder die mentale Kraft für unser Leben und können es klar und aus einer gewissen Distanz sehen.

Dann regt uns nichts mehr allzu sehr auf. Dann strahlen wir eine souveräne Coolheit aus, für uns selbst und für andere. Diese innere Ruhe und Klarheit übt man in (Nicht-)Meditation, damit sie sich mit der Zeit auch auf unser gesamtes Leben überträgt. Jeder muss diese Geisteshaltung wieder und wieder üben – selbst Buddha musste das, aber auch jeder Meditationsmeister – sonst gehen wir in der Datenflut des Alltags verloren und werden unglücklich. Es liegt an uns selbst, ob wir unser unendliches Potenzial entfalten oder nicht!

Erleuchtung, und darum geht es im (i)Zen-Weg, bedeutet nichts anderes, als ganz ureigenst man selbst und damit auch noch rundum zufrieden zu sein! Daraus erwächst eine wundervolle Klarheit und Stille, die unser Leben verzaubert und auf andere ansteckend wirkt. Mit Nicht-Meditation (Zazen) üben Sie, alles anzunehmen, wie es momentan gerade ist!

→ Es genügt, sich selbst – Geist und Körper – immer wieder zu beweisen, dass pures DA-SEIN in Ihrem Leben völlig ausreicht, um glücklich zu sein! Der einzige Sinn der Übung ist es, mehr LEBENSFREUDE zu erlangen!

Tragen Sie mit mir zu einer weltweiten PANDEMIE DER MENTALEN KLARHEIT bei!

P.S.: Übrigens glaube ich nicht, dass die meisten Meditationslehrer ihre Schüler absichtlich im Unklaren darüber halten, dass „Meditation“ und „Erleuchtung“ eigentlich Lügen sind bzw. nur Konzepte oder Methoden. Diese sind keine Wahrheiten. Ich befürchte, dass die meisten Yogalehrer und Meister sich selbst nicht immer darüber im Klaren sind...

AUTOR UND DANK

enO (=rückwärts One) lehrt als iZen-Meister in Würzburg live, über E-Mail und mit Büchern eine moderne Form des Zen. Wer mehr über den Autor des vorliegenden Booklet wissen möchte, möge sich bitte im großen Internet informieren.

Schon Buddha betonte, dass allein die Lehre wichtig sei und nicht der Lehrer. Unser aller Bewusstsein ist miteinander verbunden und wir sind nicht getrennte Personen, wie die meisten glauben. Deshalb hat auch ein Autor sein Wissen von unzähligen Wesen und Ereignissen in seinem Leben geschenkt bekommen. Er stellt lediglich die Spitze des Schreibstiftes dar, die einen Text verfassen darf. Diese Booklet ist nicht nur allen Wesen dieser Welt gewidmet, es entspringt auch dem Bewusstsein aller Wesen, die alle gemeinsam ein Großes Ganzes bilden.

Möge dieses kleine Büchlein durch geistige Klarheit und Mitgefühl einen Beitrag zum Weltfrieden leisten, gemeinsam mit allen Lesern!

ANMERKUNG:

In diesem Büchlein sind die „Drei Tore zur Befreiung“ aus dem Buddhismus des mittleren Weges vereint. Diese drei Aspekte führen zur Befreiung vom Leiden (Erleuchtungserfahrung):

1. Zeichenlosigkeit: Loslassen von allen Benennungen und Worten, wie z. B. „Erleuchtung“, „Jetzt“ oder „Meditation“ (*„Meditation und Erleuchtung sind Lügen!“*)

2. Wunschlosigkeit: Loslassen von allem Wollen (*„Einfach nur Da-Sein!“*)

3. Die Leerheit: Alle Dinge und Phänomene besitzen keine innewohnende Eigennatur, sondern bestehen aus der gleichen Substanz (*„Alles Quarks!“*) und sind lediglich wandelbare Teile des einen großen Ganzen (Universum).

WEITERE BÜCHER DES AUTORS:

(auch unter dem Realnamen Dr. Michael Weh)

Weg damit!, KDP-Amazon

Hypno-Doping, KDP-Amazon

Ich umarme dich!, MSM Healthstyle Verlag

Internet Breakdown, Thriller, KDP-Amazon

Der Zen-Kreis, KDP-Amazon

Giganten des Zen, KDP-Amazon

Gehirnwäsche? Ja bitte!, Shaker Media

Zauberhafte Hypnose, KDP-Amazon

Magie der Hypnose, Shaker Media

Moderne Meditationen, Shaker Media

Hypnos, Audio-CD, MSM Healthstyle

Transform Now! Audio-CD, MSM Healthstyle

Gesund abnehmen!, MSM Healthstyle

Printed in Poland
by Amazon Fulfillment
Poland Sp. z o.o., Wrocław

86735509R00040